AF667006

Benetton Blake

# Mission Odysseus

Savaged Breed

## IMPRESSUM

Bibliografische Information der Deutschen Nationalbibliothek:
Die Deutsche Nationalbibliothek verzeichnet diese Publikation in der Deutschen Nationalbibliografie; detaillierte bibliografische Daten sind im Internet über http://dnb.dnb.de abrufbar.



Benetton Blake
c/o AutorenServices.de
Birkenallee 24
36037 Fulda

https://www.benettonblake.com
info@benettonblake.com

https://www.facebook.com/benettonblake



ISBN: 978 3 7546 2330 5

Herstellung und Druck über tolino media GmbH & Co. KG,
Albrechtstr. 14, 80636 München. Printed in Germany.
Fragen zu Produktsicherheit an: gpsr@tolino.media.

Tiffany

Benetton Blake

**Savaged Breed - Geschichten 01**

https://www.savagedbreed.com

# INHALT

#### DANKSAGUNG

Allen, die die Geschichte mochten und nach mehr verlangten.
Ohne euch wäre das hier nie erschienen.

# KOMMANDOBRÜCKE

Ein lautes Scheppern ließ sie zusammen zucken und sich verängstigt umsehen. War da jemand? Das Kommandodeck der Odysseus lag still und tot da, ganz so wie noch vor einem Moment, nur auf dem Boden lag jetzt ein Metalltablett neben einer zersprungenen Porzellantasse. Sie war vermutlich ungünstig gelandet, als Kensington vor einigen Minuten die künstliche Gravitation wiederhergestellt hatte, und nun war sie über die Kante der Konsole gerutscht.

„Nicht so schreckhaft", mahnte sie sich selbst, als sie sich wieder an die Arbeit machte.

„Jensen an Aquila!"

Der Ruf aus ihrem Kommunikator ließ sie erneut zusammenzucken.

„Hier Aquila, ich höre."

Langsam näherte sich ihr Puls wieder einem verträglichen Tempo.

„Ihr Status, Lieutenant?"

„Ich bin auf dem Kommandodeck und habe meine Suche begonnen. Die Systeme haben wohl einiges abbekommen, daher kann es etwas dauern, bis ich die Logbücher gefunden habe. Und ich vermute, sie werden nur mit viel Glück unbeschädigt sein."

„Verstanden, melden Sie sich, sobald sie neue Informationen haben. Standardruf erneut in .01."

Mit einem leisen Knacken schloss sich der Kanal und die unheimliche, absolute Stille kehrte zurück. Joanne ‚Aquila' Najjar wandte sich wieder ihrer Arbeit zu und wühlte sich durch die Tiefen der Datenspeicher des Systems. Ihr war klar, dass das kein militärisches Schiff war, doch konnten die Speicherstrukturen nicht dermaßen unterschiedlich sein. Dann endlich, die Suchalgorithmen hatten die Dateien officialCrewLogs.cit.dbcf und privateCrewLogs.cit.dbcf in einem tiefen Unterverzeichnis des Systems ausgemacht.

„Aquila an Jensen."

„Hier Jensen."

„Ich habe die Datenbank Collection-Files der dienstlichen und der privaten Logbücher der Crew ausfindig gemacht. Wie ich befürchtet hatte, sind sie jedoch scheinbar stark beschädigt."

Sie atmete tief durch.

„Ich werde einige Zeit brauchen, um mit Kennys Wunderkasten Daten aus den einzelnen Crew-Dateien darin zu erhalten. Vermutlich werden es aber nur Teileinträge werden."

„Verstanden, machen sie weiter."

Wieder schloss sich der Kanal mit einem leisen Knacken.

Lieutenant Najjar blickte sich kurz auf dem Kommandodeck um, dann wandte sie sich wieder der Konsole zu.

„Ich muss raus aus diesem Anzug", raunte sie zum leeren Raum und begann sich die klobigen Handschuhe auszuziehen.

Die Lebenserhaltung war das Erste, was Kensington auf diesem alten Schiff wieder in Funktion gesetzt hatte, aber sie hatte bisher einfach keine Gelegenheit über die Unbequemlichkeit in ihrem Raumanzug an einer Konsole zu arbeiten nachzudenken.

Sie hatte den oberen Teil des Anzugs abgelegt und wollte grade aus der Hose steigen, als sich die Zugangstür mit lautem, metallischem

Schaben öffnete. Wieder zuckte sie zusammen und wäre beinahe auf ihrem Hintern gelandet.

„Aber hallo, da komme ich ja genau richtig", schallte es von der Tür in den Raum.

Dort stand Michaela Tapia, die von den meisten, trotz des in Wahrheit fehlenden Titels, Doktor Tapia genannt wurde.

„Tolle Nummer", blaffte Najjar, „ich hab fast einen Herzinfarkt bekommen."

Tapia hob beschwichtigend die Hände.

„Entschuldige, Joanne. Aber woher sollte ich denn wissen, dass du auf der Brücke grade einen Striptease hinlegst? Dafür kann ich mir nun wirklich bessere Orte und Momente vorstellen."

Zwei Sekunden blickte Najjar mit grimmig zusammengekniffenen Augen zu Tapia, dann stieg sie umständlich aus der klobigen Hose.

„Und? Etwas gefunden, Doc?"

„Ich weiß nicht", erwiderte die Ärztin, „das ganze Schiff ... Irgendwie erinnert mich das Alles an die Reskar."

„Ehrlich?", Najjar war erstaunt, „Die Reskar war ein teldanisches Schiff und ich kann mir nicht vorstellen, dass hier hinter jeder Ecke einer von denen auf uns lauert. Außerdem sind wir nicht auf ihrem Territorium."

Sie senkte die Stimme.

„Und die Teldaner sind, wie wir wissen, nicht halb so bösartig wie die Terranische Allianz und die TVF uns weismachen wollten."

Tapia hob abwehrend die Hände.

„Ich weiß, aber ich habe dasselbe ungute Gefühl wie damals. Mir ist dieses Schiff unheimlich. Ich habe die Krankenstation untersucht, aber scheinbar gab es an Bord keine Patienten. Alle Betten und Flächen sehen aus wie frisch poliert. Alle Instrumente sind an ihrem Platz und auch die Vorräte dort scheinen unangetastet zu sein. Und das bei dem Zustand des restlichen Schiffes."

Najjar blickte auf, als sie sich auf den Sessel vor der Konsole setzte.

„Das ist doch unmöglich."

„Ich weiß, aber alles ist vollzählig und scheinbar unberührt."

Die beiden Frauen schauten sich ein paar Sekunden wortlos an, dann wandte sich Najjar wieder der Konsole zu.

„Wir müssen erfahren, was hier passiert ist", sagte sie, während sie halb unter die Konsole kletterte und die Verkleidung abnahm, um Zugriff auf den Diagnoseanschluss zu erlangen. Sie nahm den Wartungscomputer, den ihr Lieutenant Kensington überlassen hatte, aus ihrer Umhängetasche und verband das Gerät mit der Schnittstelle. Eins musste man Kenny lassen, auch wenn er ein hochnäsiger und narzisstischer Macho war, er verstand seinen Job. Sofort nach dem Verbinden der Geräte öffnete der Wartungscomputer ein Eingabefeld, in dem Najjar das Verzeichnis der Datenbank-Collection-Dateien angeben sollte. Im Hintergrund begannen gleichzeitig eine Vielzahl von Prozessen zu arbeiten. Scheinbar überprüfte das Gerät alle Kommandosysteme, die es von hier aus erreichen konnte.

Nach der Eingabe des Verzeichnisses öffnete sich ein Fenster mit zwei Fortschrittsbalken. Separate Anzeigen für jede der beiden Dateien.

„Okay", murmelte Najjar, während sie einen prüfenden Blick auf das Display des Gerätes warf, das sie auf die Konsole gestellt hatte.

„Kensington meinte, dass das eine Weile dauern könnte. Wir sollten die Zeit nutzen uns die restlichen Systeme hier oben mal genauer ..."

Bevor sie den Satz beenden konnte, schwoll ein kreischendes, sich scheinbar über die Außenwände des Schiffes ziehendes Geräusch zu solcher Lautstärke an, dass die Frauen selbst ihre eigenen, geschrienen Worte nicht mehr hören konnten. Es fuhr ihnen wie ein Stich in die Schläfen und ließ sie mit schmerzverzerrten Gesichtern, ihre Hände mit aller Kraft auf die Ohren gepresst, zusammenbrechen. Die Brücke verschwamm und versank im Dunkel der Bewusstlosigkeit.

„... an Aquila! Melden sie sich, Lieutenant!"

Die Worte schienen aus großer Ferne in die Dunkelheit gerufen zu werden.

„Jensen an Aquila! Wo stecken Sie denn?“

Das war jetzt etwas klarer. Langsam wich die Dunkelheit zurück und Joanne Najjar begann wieder, die verschwommenen Umrisse ihrer Umgebung wahrzunehmen. Jemand stand neben ihren Beinen und schaute auf sie herab. War das Miller? Noch war alles so unscharf. Ein Geräusch von links. Als sie sich der Quelle zuwandte, erkannte sie „Doc“ Tapia, die ebenfalls zu sich zu kommen schien. Träge drehte sie sich zurück, um sich von dem Techniker auf die Beine helfen zu lassen, doch wo er gestanden hatte, war niemand zu erblicken. Die Kommandobrücke war, bis auf die beiden Frauen, leer. Nur eine Einbildung durch die Benommenheit. Sie schüttelte den Kopf und bedauerte es sofort. Ein pochender Schmerz durchzuckte ihre Schläfen und ihr Schädel schien in einem Schraubstock zu stecken.

„Was war denn das?“

Tapia kam langsam auf die Beine und sah sich um.

„Ist da etwas über die Hülle gekratzt? Trümmerstücke vielleicht?“

„Bei diesem Geräusch hätte es das Schiff schon in zwei Teile schneiden müssen“, erwiderte Najjar, während sie sich ihrerseits wieder auf die Beine kämpfte.

„Das war keine Trümmerkollision, das war etwas anderes.“

Sie kehrte zur Konsole zurück, auf der ihr Kommunikator neben dem Wartungscomputer lag, aus dessen Display, in dem ein kreisrundes Loch prangte, dünne schwarze Rauchfäden in die Höhe stiegen.

„Und was ist hier passiert?“, fragte sie mehr in den Raum als an Tapia gerichtet. Spinnweben gleiche Risse zogen sich vom Loch im Zentrum sternförmig nach außen bis zum Rand.

„Sieht aus, als hätte es jemand durchschossen“, erwiderte Tapia, während sie den Scanner aus ihrer Medibag nahm und begann, Najjars Kopf zu untersuchen.

„Commander Jensen an Lieutenant Najjar! Melden Sie sich umgehend!“

Erschrocken schauten beide auf dem Kommunikator.

„Hier Aquila“, antwortete Najjar, „Commander, was ist passiert?“

„Das möchte ich von ihnen wissen“, kam die Erwiderung aus dem Gerät. „Kenny hat einen sprunghaften, gewaltigen Energieanstieg auf dem Kommandodeck gemessen, nur zwei Sekunden, dann war alles wieder normal. Seit gut sechs Minuten versuche ich, Sie deshalb zu erreichen. Was ist denn da bei Ihnen los?“

„Das kann ich beim besten Willen nicht beantworten“, erwiderte sie, „Bei diesem schrecklichen, hirnzerreißenden Geräusch haben wir das Bewusstsein verloren und kamen grade eben erst wieder zu uns.“

„Wer ist wir?“

„Kura ist hier bei mir. Sie kam kurz vorher auf das Kommandodeck.“

Eine kurze Pause, dann erwiderte der Commander:

„Wir haben kein Geräusch gehört.“

Kurze Stille

„Geht es ihnen beiden gut, Lieutenant?“

„Soweit ich das beurteilen kann ja, aber der Doc hat schon eine Untersuchung begonnen. Der Wunderkasten allerdings ... der raucht aus einem hässlichen Loch im Display und macht wohl keine Mucken mehr.“

„Lassen sie den Computer, wo er ist, und kommen sie runter in die Maschinenkontrolle.“

Commander Jensen wirkte erschöpft.

„Wir werden sehen, was wir von hier aus erreichen können.“

# MASCHINENKONTROLLE

Najjar setzte sich auf den Sessel vor der Konsole und begann, den auf dem Fußboden liegenden Raumanzug in einer Tasche zu verstauen.

„Und was ist mit dem Rest hier oben?"

Tapia wirkte verwirrt.

„Es gibt auf der Kommandobrücke doch noch so einiges zu überprüfen oder sehe ich das falsch?"

„Natürlich", erwiderte der Lieutenant und schulterte ihre Ausrüstung und die Anzugtasche, „aber das Meiste davon können wir aus dem Maschinenraum oder zum Teil auch aus der Maschinenkontrolle überprüfen. Außerdem wird es besser sein, das, was hier passiert ist, zu untersuchen, bevor wir hier weiter machen."

Die beiden Frauen begaben sich auf den Korridor jenseits der Zugangstür des Kommandodecks, welche sich hinter ihnen schloss.

Die langen Gänge der Odysseus wirkten in der schwachen, grünen Notbeleuchtung kalt und einschüchternd. Es fehlte lediglich das Geräusch von tropfendem Wasser, um den Eindruck des Unheimlichen abzurunden.

„Vier Decks nach unten“, verkündete Lieutenant Najjar und löste damit Tapias unbemerkt entstandene Erstarrung, „Ich kann nicht behaupten, dass das Schiff auf mich einladend wirkt.“

Tapia nickte.

„Allerdings, ich weiß ja, dass es sich hierbei um ein Forschungsprojekt gehandelt hat, aber wer hat sich das Design ausgedacht? Es wird doch wohl niemand behaupten, dass es so, wie es ist, deutlich funktionaler wäre, als ein etwas weniger unheimliches Aussehen.“

Najjar musste grinsen.

„Ich glaube, da hätte schon eine angenehmere Farbe für die Notbeleuchtung ausgereicht. Aber vermutlich war nie vorgesehen, diese lange in Anspruch zu nehmen. Warten wir mal ab, wie es aussieht, wenn die Hauptenergie wieder läuft.“

Einige Minuten später öffnete sich die Tür zur Maschinenkontrolle mit einem leisen Zischen, als die Frauen den Raum betraten.

„Sie haben uns einen ganz schönen Schrecken eingejagt“, bemerkte Kensington, als er die beiden sah. Er war ein kleiner, rundlicher Mann mit schwarzen, verwuschelten Haaren, dessen breite Koteletten ihm bis zur Kieferkante reichten.

„Allerdings“, bestätigte Jensen, „Erst dieser Energiestoß, bei dem wir uns, bedenkt man den Ausfall der Hauptenergie, nicht erklären können, woher der gekommen ist, dann sind Sie nicht mehr zu erreichen. Was ist da genau passiert?“

Najjar berichtete von dem quälenden Geräusch, dass sie beide das Bewusstsein verloren hatten und wie sie anschließend die Schäden am Wartungscomputer entdeckten. Dann berichtete Tapia, dass sie bei ihrer ersten Untersuchung keine Verletzungen oder Gesundheitsschäden hatte feststellen können.

„Der Wunderkasten läuft noch“, bemerkte Kensington, nachdem sie geendet hatten. Er kaute auf etwas herum, das wie ein vertrocknetes Stück Schuhsohle aussah und deutete mit dem abgekauten Ende auf das Display vor ihm.

„Ich empfange noch immer die Daten. Was auch immer ihn beschädigt hat, hat wohl nur das Display in Mitleidenschaft gezogen. Ein Energiestoß hätte sich vermutlich im System des Rechners verteilt und hätte ihn komplett zerstört."

Er wartete einige Sekunden, um das Gesagte wirken zu lassen.

„Etwas Anderes muss dafür verantwortlich sein", fügte er schließlich hinzu.

„Und dieses Geräusch", setzte Jansen an, „wenn es so laut war wie sie sagen und scheinbar von der Außenhülle kam, dann hätte es durch das ganze Schiff zu hören sein müssen. Wir haben hier aber nichts gehört."

Fast eine Minute sprach niemand und es herrschte absolute Stille im Raum.

Ein Piepsen auf der Konsole zog die Aufmerksamkeit des Technikers auf sich.

„Bericht!", Jensen wirkte ungeduldig.

„Ich ...", Kensington drückte noch ein paar Tasten, dann fuhr er, ohne den Blick von der Konsole zu wenden, fort, „ich überwache seit dem Energiestoß sämtliche Energiequellen und Verbraucher an Bord. Gerade wurde ein Verbrauch bei einem der Crew-Quartiere angezeigt. Eine Tür, vermute ich, ein Licht vielleicht."

Jensen sah zweifelnd auf die Anzeige.

„Thomsen oder Ellis?"

„Die versuchen, soweit ich weiß, in die Frachträume zu kommen. Sie sind nicht mal in der Nähe der Quartiere. Miller und Jemmerson sind, soweit mir bekannt, nicht an Bord gekommen und immer noch an Bord der Saorsa."

Ein Moment Stille, dann wandte sich Jensen an Najjar.

„Wir sollten das überprüfen. Mag sein, dass es sich um eine Fehlfunktion handelt, aber das möchte ich genau wissen, besonders nach dem seltsamen Vorfall auf dem Kommandodeck. Wer weiß, ob nicht jemand vor uns an Bord gekommen ist."

Najjar schulterte ihr Gewehr.

„Na, dann wollen wir mal sehen, was die Gegend so zu bieten hat."

Sie verließ den Raum und machte sich auf den Weg.

„Genau kann ich den Ort nicht ausmachen", meldete sich Kensington über Funk, gelegentlich unterbrochen von einem leisen Schmatzen, „aber es ist irgendwo auf dem mittleren Crew-Deck an Steuerbord."

Sie atmete tief durch.

„Na Super", sagte sie zu sich selbst, „zwei Decks nach unten und einmal quer durchs Schiff." Dann antwortete sie dem Chief, „Warum ist das Schiff eigentlich so groß? Ich dachte, die Odysseus sei ein Forschungsschiff gewesen, das einen neuen Antrieb testen sollte, da machen die Ausmaße für mich nicht so viel Sinn."

„Da mögen sie recht haben", kam die Antwort aus dem Lautsprecher, „wenn es nur für die Erforschung seines eigenen Antriebs gedacht gewesen wäre, dann wäre es wirklich zu groß geraten, aber das Krees Institute of Technology hat damals nicht so verschwenderisch gearbeitet, wie Theten Tec das heute tut. Es gilt zu bedenken, dass der Antrieb, der hier erforscht werden sollte, primär für Großschiffe gedacht war, daher beabsichtigte das KIT ihn hier in ähnlichen Dimensionen zu testen. Des Weiteren wurde das Schiff nicht nur dafür gebaut. Nach dem Test sollte es eine komplette, mobile Forschungseinrichtung werden und zusätzlich genug Raum bieten, um auch das Rumpfpersonal neuer Forschungsanlagen sowie deren komplette Grundausstattung an ihre Bestimmungsorte zu liefern. Die Odysseus war quasi die nächste Generation der KIT-Forschungstrupps. Sie wären dann nicht mehr mit diesen klobigen Frachter ähnlichen Schiffen wochenlang unterwegs gewesen, um an den Zielort zu kommen, sondern mit den modernsten Anlagen auf dem direktesten Weg angerückt. Große Pläne also."

„Alles klar", antwortete sie kurz.

Still bewegte sie sich den Korridor entlang. An einer Abzweigung blieb sie kurz stehen, um sich zu orientieren. Irgendwo hier musste ein technischer Zugang sein. Ohne Hauptenergie würden die

Fahrstühle nicht arbeiten und sie war gezwungen die Leitern in den Wartungsschächten zu nutzen, um nach unten zu gelangen. Am Ende des abgehenden Korridors flackerte die Notbeleuchtung und ... war da jemand? Sie dachte, ein kurzes Schnauben zu hören. Sie atmete flacher, um kein Geräusch zu übertönen, schloss die Augen und lauschte. Nichts außer dem leisen Surren der Notleuchten. Als sie diese wieder öffnete, war da ein Schatten. Am Korridorende stand eine hagere, etwa zwei Meter große Gestalt im schummrigen, grünen Licht. Nur für den Bruchteil einer Sekunde sah sie ihn, dann verschwand er im Schatten der erlöschenden Leuchte. Als sie wieder aufflackerte, war dort niemand zu sehen. Erschrocken hob sie die Waffe und ging, jede Kante mit ihren Blicken absuchend, auf die Stelle zu. Als sie den Gang zur Hälfte durchquert hatte, hörte das Flackern auf und die Leuchte sandte wieder ihr konstantes, grünes Notlicht aus. Sie blieb zwei Sekunden wie angewurzelt stehen, dann begab sie sich zu der Stelle, an der sie die Gestalt gesehen hatte. Sie befühlte Wand und Boden, als wolle sie sichergehen, dass sie echt und nicht nur eine Kulisse für Zaubertricks waren, dann sah sie zurück in die Richtung, aus der sie gekommen war. Der Gang war ein totes Ende aus blankem Metall. Kein weiterer Weg führte aus ihm als der, den sie gekommen war. Alle Türen waren verschlossen und ließen sich nicht geräuschlos bewegen. Die Öffnungen des Luftschachts, die sich auf Bodenebene am Kopfende des Ganges befanden, waren fest verschraubt. Unmöglich, diese so schnell und geräuschlos zu öffnen und wieder zu verschließen.

Fast eine Minute blieb sie in der Hocke und dachte nach.

Sie erinnerte sich an den Moment auf der Kommandobrücke. Die Sekunden nach dem Erwachen war sie sich sicher, dass jemand neben ihren Füßen stand, es war jedoch außer ihr und Tapia niemand dort gewesen.

Sie richtete sich wieder auf und schaute zur nächsten Tür, ein Stück zurück an der linken Wand. Sie las das Schild: ‚Wartungszugang'

Scheinbar hatte diese Halluzination, oder was auch immer es war, sie genau an den Ort geführt, den sie gesucht hatte. Sie zog ein kurzes Stemmeisen von ihrem Gürtel und öffnete damit den Zugang. Sie spähte in einen kleinen Raum, dessen eine Wand von einer toten Konsole beherrscht wurde. Gegenüber führten Röhren und Kabel von der Decke zum Boden. Einige Anzeigen waren in Kopfhöhe an ihnen angebracht, offenbar, um deren Werte im Auge behalten zu können. An der dritten Wand, gegenüber der Tür befanden sich die Öffnungen zweier achteckiger Wartungsschächte. Einer verlief horizontal, an der Wand entlang, drei Seiten des Schachtes fehlten und boten somit einen bequemen Zugang auf Kniehöhe. Vor diesem befand sich eine Leiter, welche die Öffnung in der Decke und die im Boden des vertikalen Schachtes verband. Hier waren gleich fünf Seiten entfernt worden, um den bequemen Einstieg zu ermöglichen.

„Nun gut", murmelte der Lieutenant wieder zu sich selbst, „dann gehen wir mal weiter."

# CREWQUARTIERE

„Aquila an Jensen, ich bin bei den Crewquartieren."

Der Korridor hier schien noch dunkler zu sein, als in den technischen Bereichen des Schiffes. Entweder waren hier einige Notleuchten ausgefallen, oder man empfand, beim Bau, die Notbeleuchtung der Wohnbereiche sei nicht so wichtig wie die der technischen Bereiche. Jetzt, wo sie so darüber nachdachte, erschien ihr die zweite Möglichkeit als gar nicht so unlogisch. Zumindest die Korridorbeleuchtung war hier im Notfall nicht so entscheidend.

„Gut, Lieutenant. Sehen sie sich einmal um, ob sie etwas Verdächtiges finden können. Wir behalten die Anzeigen im Auge und melden uns, wenn es einen erneuten Ausschlag gibt."

Ein leises Knacken und der Kanal war geschlossen.

„Etwas Verdächtiges? Das ganze Ding hier ist mir sehr suspekt."

Sie stand am einen Ende eines etwa dreißig Meter langen Korridors, an dessen linker Seite sich fünf Türen zu Quartieren verteilten. Rechts waren zwei Zugangstüren, vermutlich zu Wartungsbereichen und ein Bereich, der offenbar als Aufenthaltsraum konzipiert war, zu sehen. An beiden Enden des Korridors befand sich eine Zugangstür. In einer von ihnen stand Najjar nun und suchte die Schatten nach Bewegung ab. Nichts war zu sehen.

Sie schlich langsam zum ersten Quartier, behielt dabei aber den Korridor mit erhobener Waffe genau im Auge. Trotz des metallenen Bodens verursachten ihre Stiefel kaum ein Geräusch, während sie sich geduckt und jederzeit sprungbereit fortbewegte. Wie schon zuvor verhalf ihr auch hier ihr Stemmeisen zum Zutritt, doch lohnte die Mühe kaum. Der im Dunkeln liegende Raum, hinter der Tür, war ein schlichtes Schlafzimmer mit zwei Betten an den jeweils gegenüber liegenden Wänden über deren Kopfende zwei große Fenster, die Außenwand beherrschten, durch die man den düsteren Nebel, in dem die Odysseus lag, betrachten konnte. Am Fußende der Betten stand jeweils ein zwei Meter hoher, weißer Kleiderschrank auf dem graublauen Teppich und an der Wand neben der Tür waren zwei ebenfalls weiße Schreibtische mit granitfarbener Arbeitsfläche aufgestellt. Selbst beim Militär hatte sie nur selten ein so unpersönlich eingerichtetes Quartier gesehen. Das zweite Quartier bot einen vergleichbaren Anblick, jedoch hing hier ein vergilbtes Stück Papier an der Wand, von dem sich eine Ecke gelöst hatte und traurig über das Blatt hinab hing. Vermutlich war es mal ein Poster oder Plakat gewesen, jedoch hatte die Zeit ihren Teil getan.

Sie verließ das Quartier und machte sich auf den Weg zur dritten Tür.

Bevor sie sie berühren konnte, erfüllte ein lautstarkes, metallisches Kreischen den Korridor und der Boden unter ihren Füßen begann heftig zu schwanken. Erschrocken hob sie die Waffe und blickte sich um, während sie das Gefühl hatte, der Gang würde gegen sich selbst verdreht und das Kreischen sei das Geräusch der Torsionskräfte, die auf das Metall in den Wänden, Böden und Decken einwirkten, während sie versuchten, das Schiff auseinanderzureißen. Die Notbeleuchtung fing an unstet zu flackern und eine heftige Erschütterung, wie ein Schlag, brachte sie aus dem Gleichgewicht und ließ sie auf ein Knie fallen. Das Kreischen wurde lauter. Najjar ließ die Waffe in den Gurt rutschen, um sich die Ohren zuzuhalten, doch das Geräusch bohrte sich wie ein Eispickel in ihre Schläfen und ihre Sicht verschwamm. Keuchend hockte sie so fast zwanzig Sekunden da, bis das stechende Kreischen endlich nachließ und sich die Notbeleuchtung wieder zu beruhigen schien.

Als sie sich erschöpft wieder aufrichtete, lag der Korridor wie zuvor still da. Nichts von dem schien passiert zu sein. Lediglich ein paar der Notleuchten waren noch leicht am Flackern, aber sonst wies nichts auf das, was eben geschehen war hin. Bis auf ihre Kopfschmerzen, die ihr von innen gegen die Schädelwände hämmerten.

„Kensington an Aquila, wir hatten eben einen Ausschlag in ihrer Sektion."

„Was sie nicht sagen."

Kurze Stille

„Aquila, hier Jensen. Berichten sie!"

Najjar sah sich weiter um.

„Ich hatte eben das Gefühl, das Schiff würde um mich herum in Stücke gerissen."

„Wie auf dem Kommandodeck?"

„Nein, es war anders. Der Boden schwankte und es klang, als würde das ganze Schiff in sich verbogen."

Wieder eine Pause, dann sprach Jensen erneut.

„Geräusche oder Bewegungen konnten wir hier nicht feststellen, aber wir haben in ihrer Nähe einen heftigen Energiestoß gemessen. Nicht so stark wie auf der Brücke, aber dennoch intensiv genug, um beunruhigt zu sein. Genau konnten wir ihn nicht lokalisieren, aber er schien aus ihrer Sektion zu kommen und schwächte sich darüber hinaus schnell ab. Doktor Tapia vermutet, dass der Energiestoß die Wahrnehmung beeinflusst. Anscheinend verursacht er eine Art von Erscheinungen oder Halluzinationen, die für den Betroffenen mehr als realistisch wirken, da sie im Grunde von den eigenen kognitiven Systemen gespeist werden."

Najjar ließ die Waffe sinken und kratzte sich am Kopf.

„Wenn der meine Wahrnehmung so stark beeinflusst, ist er dann nicht auch schädlich? Ich möchte nur ungern als sabbernder Lappen von dieser Mission zurückkommen."

„Doktor Tapia hat sich selbst gründlich untersucht und auch ihre Scans noch einmal in Augenschein genommen. Sie meint, dass zurzeit noch keine Gefahr einer Schädigung besteht. Bisher ist nur eine Stressbildung in den betroffenen Hirnbereichen festzustellen, was sich primär als Erschöpfung manifestieren wird. Später, wenn sie diesen Stößen häufiger ausgesetzt werden, kann es zu Kopfschmerzen führen. Wenn das geschieht, sollen sie sich sofort melden und zurückziehen. Selbst dann besteht noch keine Gefahr, aber sobald im nächsten Schritt dann Schwindel und Übelkeit einsetzen, sind sie nur noch ein Stadium von möglichen Dauerschäden entfernt."

„Aber wenn ich noch nicht einmal erschöpft bin ..."

„Dann besteht, laut allem, was wir hier feststellen konnten, keine Gefahr."

Najjar atmete erneut durch. Ihre Kopfschmerzen, so heftig sie auch waren, hatten nur kurz angehalten und waren bereits fast vollständig wieder verflogen.

„Na da bin ich aber beruhigt."

Sie wandte sich wieder der Tür zu.

„Dann mach ich mal weiter, damit wir feststellen, was das alles soll."

„Verstanden, Lieutenant."

Wieder das leise Knacken im Empfänger.

Als sie mit ihrer Hand die Tür berührte, kroch ein leichtes Kribbeln ihre Finger hinauf, ganz so, als seien sie eingeschlafen. Sie zog die Hand zurück und ballte sie ein paar Mal zur Faust, schüttelte sie und ballte sie erneut. Das Kribbeln verschwand. Sie setzte nochmals an, legte das Stemmeisen an den Türspalt und wollte grade mit dem Aufhebeln beginnen, da schoss das Kribbeln, um ein Vielfaches stärker als zuvor, ihre Arme hinauf bis in die Schultern, die Notbeleuchtung um sie begann heftig zu flackern und die Türblätter glitten zur Seite. Vor ihr stand eine etwa zwei Meter hohe, hagere Schattengestalt, die offenbar keine feste Form, keine Substanz hatte, sie schien lediglich durch die Abwesenheit von Licht begrenzt zu sein. Ohne zu wissen, warum spürte Najjar den kalten und zugleich brennenden Blick des Wesens auf ihrem Gesicht und erstarrte vor Schreck. Sie spürte einen Schlag wie von einem Vorschlaghammer gegen ihren Brustkorb und fühlte, während ihre Wahrnehmung schwand, wie sie von den Füßen gehoben und rückwärts gegen die gegenüber liegende Wand des Korridors geworfen wurde. Dann war alles dunkel.

Mit einem Lichtblitz kam sie wieder zu sich. Jemand leuchtete ihr mit einer Stablampe in die Augen.

„Was?“, sie bewegte sich instinktiv rückwärts von der Lichtquelle weg, „was ist los, was ist passiert?“

Vor ihr kniete Michaela Tapia und sah sie besorgt an.

„Wir haben wieder einen Energiestoß gemessen, dann hast du dich nicht mehr gemeldet. Ich habe Jensen überzeugt, Jemmerson und mich nach dir suchen zu lassen. Es hat einen Moment gedauert, aber hier sind wir.“

Hinter Tapia stand der stämmige Navigator und blickte besorg auf Najjar herab.

„Wann ist das passiert? Wie lange ... wie lange war ich weg?“

„Wir sind vor etwa zwanzig Minuten aufgebrochen“, erwiderte Tapia, „also wirst du wohl so seit 23 oder 24 Minuten bewusstlos sein. Kannst du mir sagen, was passiert ist?“

Najjar griff sich an den Kopf.

„Ich weiß nicht“, sie zögerte für einen Moment, „ich glaube, ich wollte die Tür öffnen, aber ich weiß nicht mehr, ob ich das auch getan habe. Ich erinnere mich nur an Fetzen, einzelne Bilder. Ein großer Schatten im Nichts. Ein Kribbeln in den Armen.“

Tapia nickte.

„Das dachte ich mir fast. Du bist wohl in direkten Kontakt mit der Quelle des letzten Energiestoßes gekommen. Das hat deine Nervenbahnen überlastet. Das im Zusammenhang mit der halluzinatorischen Wirkung."

Sie griff sanft das Kinn des Lieutenants, drehte ihr Gesicht auf sich zu und schaute ihr tief in die braunen Augen.

„Kannst du aufstehen, Joanne? Ich sollte dich gründlich untersuchen bevor du noch irgendwas anderes machst."

# KRANKENSTATION

Die Untersuchungsliege war kalt und spiegelglatt. Najjar kam sich vor wie auf einem Seziertisch in der Pathologie als sich die Medizinerin über sie beugte.

„Rein äußerlich scheint mit dir ja alles in Ordnung zu sein, aber nach dem, was passiert ist, will ich dich lieber genauer unter die Lupe nehmen."

Sie drückte ein paar Tasten an der Liege.

„Zum Glück war das Schiff gut ausgestattet. Die Instrumente sind zwar alt, aber sie erfüllen ihren Zweck und vieles von dem, was sie hier hatten, war damals seiner Zeit voraus. Ich denke wir finden das, was immer dir fehlt, wenn dir was fehlt."

Damit verschwand sie wieder aus ihrem Gesichtsfeld und irgendetwas begann neben der Liege zu summen. Ein medizinischer Scanner, dessen Arm ausfuhr und sich über Najjars Kopf ausrichtete. Aus dem Gerät strahlte ein stark abgegrenzter Lichtschein, der, aus dem sich bewegenden Scannerarm, von Kopf bis Fuß über ihren Körper und wieder zurückwanderte, dann erlosch er. Tapia stand über eine Konsole gebeugt und sah zweifelnd auf das Bild hinab.

„Bis auf einige Prellungen sieht das gar nicht schlecht aus, was gut ist, andererseits aber auch wieder nicht so gut."

„Es soll nicht so gut sein, dass ich nach all dem nur ein paar Prellungen davon getragen habe? Was wäre dir denn lieber?"

Eine kurze Pause entstand, in der Tapia nachdenklich zu Najjar blickte.

„Versteh mich nicht falsch, Joanne. Ich freue mich unheimlich, dass dir nichts passiert zu sein scheint, aber da stimmt was nicht. Wir müssten stärkere Stressungsspuren in deinem Gehirn feststellen, welche die Halluzinationen erklären würden und nach dem Energiestoß, der dich quer durch den Gang an die Wand geworfen hat, müssten Verletzungen an den Händen festzustellen sein, eventuell auch Verletzungen der Nerven. Brandspuren aufgrund der Spannung, aber da ist nichts zu sehen."

Najjar sah auf ihre Hände. Sie sahen aus wie immer. Nicht mal ein Kratzer oder eine Rötung war zurückgeblieben. Sie blickte wieder zu Tapia.

„Eine Sache gibt es noch", fuhr die Medizinerin fort, „es gibt scheinbar verstärkte Aktivität in einigen Hirnbereichen. Das werde ich mir noch mal genauer ansehen."

„Na gut", erwiderte der Lieutenant und nahm ihren Platz auf der kalten Liege wieder ein, „ich hoffe nur, Kensington hat die Hauptenergie bald wieder in Gang. Dieses Schummerlicht ist auf Dauer nicht grade der Stimmungsmacher."

Sie schloss die Augen und versuchte, sich zu entspannen.

„Joanne ..."

Das Flüstern war so leise, dass sie es kaum hörte.

„Hm?"

„Was ist?", fragte Tapia von ihrer Konsole aus, auf der sie die nächsten Tests vorzubereiten schien.

„Hast du mich nicht grade angesprochen?"

„Ich habe nichts gesagt."

Zweifelnd schaute Najjar noch einige Sekunden zu ihr, dann schloss sie wieder die Augen.

„Joanne"

Diesmal war es lauter und garantiert keine Einbildung.

„Was ist?", fragte sie etwas unruhig?

„Was soll sein?", erwiderte die Ärztin, „ich bereite die Tests vor. Keine Angst, ich komme gleich wieder zu dir."

„Das ist nicht witzig."

„Was denn?", jetzt war Tapia aufmerksam geworden und musterte Najjar mit neugierigem, fragendem Blick.

„Du …"

Najjar zögerte, wirkte verunsichert und schaute sich in der Krankenstation um. Im Halbdunkeln, grünen Dämmerlicht wirkten die Bettreihe und die unbekannten Gerätschaften beunruhigend, doch der Raum war bis auf die Beiden leer.

„Du hast mich doch grade angesprochen, ich hab es eindeutig gehört."

Tapia ging um die Konsole und kam langsam zum Untersuchungsbett, den Blick wandte sie dabei keinen Moment ab.

„Was hast du gehört?"

„Meinen Namen, nur meinen Namen. Geflüstert."

„Joanne!"

Diesmal direkt neben ihrem Ohr. Sie hatte das Gefühl den Luftzug auf ihrer Wange zu spüren und der Ton war nachdrücklich, ja geradezu drängend geworden. Vor Schreck sprang sie von der Liege auf den blanken Metallboden und blickte sich erschrocken im leeren Raum um.

„Du kannst mir doch nicht erzählen, dass du das nicht hörst!"

Es war ihr unmöglich, die Angst in ihrer Stimme zu verbergen.

Tapia, die erschrocken einen Schritt zurückgewichen war, sprang nun nach vorne, packte Najjars Gesicht mit beiden Händen und blickte ihr für zwei Sekunden tief in die Augen.

„Hier ist niemand außer uns beiden."

Als sie sah, dass das Najjars Schrecken scheinbar nur vergrößerte, packte sie sie an den Schultern, zog sie an sich und schloss sie in die Arme.

„Wir finden raus, was mit dir los ist, Joanne. Du brauchst keine Angst zu haben, wir bekommen das hin."

Während sie beruhigen zu ihr sprach, wiegte sie ihre Freundin, die ihre Tränen nun nicht mehr zurückhalten konnte, sanft hin und her.

„Werde ich verrückt?"

Die Ärztin schwieg zwei ewige Sekunden.

„Lass mich noch schnell einen genauen Scan machen. Die Daten helfen mir dann hoffentlich, das alles zügig aus der Welt zu schaffen."

Sie setzte sich auf einen Drehstuhl, den sie neben die Liege gezogen hatte, und hielt Najjars Hand, während sie mit der Anderen den Scanner bediente.

Najjar schien sich etwas zu beruhigen. Ihr Brustkorb hob und senkte sich langsamer, regelmäßiger, während das Licht des Scanners über ihrem Kopf die Farbe von blassem Blau zu zartem Rosa änderte, ein Anzeichen dafür, dass er nun ein anderes Spektrum untersuchte.

Knapp fünf Minuten benötigte der Scanner, um seine Arbeit zu beenden, was er mit einem leisen, disharmonischen Piepsgeräusch kundtat.

„Gut", Tapia drückte noch ein paar Knöpfe, bevor sie sich vom Stuhl erhob und Najjar von der Liege half, „komm mit zur Konsole, dann kann ich die Daten auf die Saorsa übertragen. Ich glaube, es ist besser, wenn wir dich erstmal von der Odysseus runter schaffen. Die Umgebung hier würde der Erholung bestimmt nicht nachhelfen."

Najjar folgte ihr langsam durch den Raum und sah sich dabei nervös um. Sie hatte den Eindruck, ein leises Atmen und unverständliches flüstern zu hören. Nichts, was sie verstehen konnte, jedoch scheinbar an sie gerichtet. Eine Hand legte sich zwischen ihre Schulterblätter und strich ihren Rücken herab. Erst entspannte sie sich unter der beruhigenden Geste, doch dann viel ihr auf, dass Tapia vor ihr an der Konsole stand. Mit einem Kreischen sprang sie einen Schritt vorwärts und drehte sich erschrocken um. Niemand war da.

„Ich muss hier raus", flüsterte sie mit zitternder Stimme, „Wir müssen alle hier raus."

Tapia nahm das Datenpad, auf das sie eine weitere Kopie der Scannerdaten übertragen hatte, und verließ mit Najjar die Krankenstation. Diese blieb hinter der Tür augenblicklich stehen und schaute mit schräg gelegtem Kopf den Korridor hinunter.

„Komm schon, Joanne. Wir sollten nicht noch zusätzlich Zeit verlieren. Du musst dich hinlegen."

„Nicht da entlang."

Tapia sah sie verwirrt an, dann folgte sie ihrem Blick. Da war nichts zu sehen.

„Aber das ist der kürzeste Weg zur Maschinenkontrolle."

„Siehst du das nicht?", Najjar wurde laut, „wir dürfen, wir können nicht da entlang."

Die Notbeleuchtung im Korridor begann zu Flackern und Najjars Augen weiteten sich vor Angst.

„Wir müssen sofort los!", rief sie und lief den Korridor in entgegengesetzter Richtung entlang.

Tapia zögerte nur eine Sekunde und schaute dabei erneut zum Ende des Korridors. Da war nichts. Sie seufzte besorgt, drehte sich um und folgte Najjar, die bereits in einen kreuzenden Korridor einbog. Als sie sie erreichte, dreißig Meter und eine Abzweigung weiter, war Najjar auf ein Knie gesunken und stützte sich mit einer Hand an der Seitenwand des Ganges ab.

„Du solltest nicht rennen, nach dem, was dir passiert ist. Dir geht es nicht gut."

Najjar blickte auf. Die Angst stand ihr, wie von einem Bildhauer gemeißelt, ins Gesicht geschrieben. Schweiß stand ihr auf der Stirn, und sie keuchte wie nach einem Marathon.

„Du ... hast nichts gesehen?", fragte sie, während sie nach Atem rang.

„Nichts", antwortete Tapia, „der Korridor war leer, nur die Notlichter haben etwas geflackert, aber das ging vorbei."

Sie blickten sich einen Moment an, dann half sie ihrer erschöpften Patientin auf die Füße und legte sich ihren Arm um die Schultern um sie zu stützen.

„Jetzt gehen wir erst mal zu Jensen, und dann runter vom Schiff."

Als sie weiter durch die düsteren Gänge liefen, war sich Najjar sicher, weitere Schritte hinter ihnen zu hören. Da war doch jemand. Jemand, der stoppte, wenn sie stoppten. Ein Donnern, wie das Schlagen eines riesigen Hammers gegen die Schiffshülle, brachte den Korridor zum Beben. Najjar zuckte zusammen, stolperte und riss ihre Freundin beinahe mit zu Boden. Erschrocken blickte sie sich um.

„Was war ..."

Die Frage erstarb ihr in der Kehle, als sie in Tapias verwundertes und fragendes Gesicht blickte, in der sich keine Furcht, aber Mitleid spiegelte. Sie hatte offensichtlich nichts gehört, die Erschütterung nicht gespürt.

„Was passiert mit mir?"

Fragte sie die Ärztin und brach erneut in Tränen aus.

Tapia kniete sich zu ihr und legte den Arm um sie. Das werden wir herausfinden. Ich werde alles tun, was ich kann.

Kurze Zeit später schritten sie durch die Schleuse der Saorsa.

„Was ist passiert?"

Emelie Miller, die Pilotin der Saorsa, kam ihnen entgegen und sah besorgt in die beiden Gesichter.

„Joanne muss sich ausruhen. Ich bringe sie in ihr Quartier. Bitte achten sie darauf, dass sie nicht gestört wird, bis ich, in etwa einer Stunde, wieder da bin."

In ihrem Quartier wusch sich der Lieutenant das Gesicht und zog sich aus. Nun in Trainingskleidung legte sie sich auf ihr Bett.

„Ich gebe dir ein Beruhigungsmittel und werde nach dir sehen, wenn ich wieder komme. Hätte Jensen es nicht verlangt, würde ich nicht sofort wieder auf die Odysseus gehen, aber wir haben hier ja noch etwas zu erledigen."

Mit diesen Worten verließ sie das Quartier, blickte noch einmal zurück und schloss dann die Tür.

Najjar wurden die Augen schwer, ihr Bewusstsein entglitt ihr und versank im Nebel des Schlafes.

# SAORSA

Eine konstante Vibration und ein dumpfes Brummen weckten sie aus dem Schlaf. Legte die Saorsa ab? Das konnte nicht sein. Tapia war noch nicht zurückgekehrt, die Stunde war noch nicht um. Sie hörte dumpfe Schritte auf dem Gang, die vor ihrer Tür zu stoppen schienen. Ein leises Kratzen, wie von Metall auf Metall.

„Joanne ..."

Das Flüstern ließ sie innerlich zusammenzucken. Sie wollte aufspringen, sich gegen was auch immer dort lauern mochte wappnen, doch ihr Körper rührte sich nicht. Das Beruhigungsmittel hatte wohl ihre Muskeln entspannt. Sie konnte sich nicht bewegen.

„Joanne ..."

Etwas lauter diesmal und scheinbar ungeduldig. Das Kratzen wurde lauter, dann verstummte es. Ein heftiger Schlag gegen die Tür und ihr Herz schien vor Schreck zu krampfen. Sie musste etwas tun, konnte hier nicht so wehrlos liegen bleiben. Sie konzentrierte sich mit aller Macht, doch das wiederholte Schlagen an die Tür riss sie immer wieder zurück. Der Fuß, sie musste ihn aus dem Bett bekommen.

„Ich komme zu dir, meine Schöne."

Jetzt war es kein Flüstern mehr. Jemand sprach zu ihr durch die Tür, hämmerte weiter. Da, der Fuß hatte sich bewegt. Nur ein kleines

Stück, aber es war ein Anfang. Aus dem Hämmern wurde ein Reißen. Scheinbar wurde die Verkleidung des Korridors vor ihrer Tür aufgerissen.

„Du wirst mein sein, auf ewig mein."

Kaltes Metall. Ihr Fuß war aus dem Bett und auf den Fußboden gefallen. Mit aller Kraft zog sie den Anderen nach und versuchte, ihre Arme zu bewegen. Ein starkes Kribbeln durchfloss ihren gesamten Körper. Gewaltsam wurde er aus dem Schlaf gerissen und versuchte sich, trotz des Schlafmittels, ihrem Willen zu beugen.

Ein lautes Zischen. Aus den Lüftungsschächten unter der Decke kam ein dumpfes Geräusch. Wie das Rauschen von Wasser, aber ohne Substanz. Erschrocken blickte sie nach oben. Aus den Schächten quoll ein dichter, schwarzer Rauch und fiel an der Wand entlang zu Boden. Entsetzt mobilisierte Najjar ihre Kräfte und zog ihre Beine zurück ins Bett. Mit einem lauten, metallischen Kreischen bildete sich ein Riss in der Tür.

„Du kannst nicht entkommen, gib doch einfach auf."

Sie blickte sich panisch um. Die Betäubung ihres Körpers hatte weiter nachgelassen und sie hockte zusammengekauert am Kopfende ihres Bettes. Wohin konnte sie fliehen. Es gab keinen Ausweg. Die Tür war blockiert und die Luftschächte waren zu eng für eine Person, außerdem drang dort der schwarze Rauch ein. Das Licht in der Kabine begann heftig zu flackern.

„Das ist nicht echt."

Der Gedanke zuckte wie ein Blitz durch ihr Bewusstsein.

„Ich muss hier raus und auf das Kommandodeck. Miller ist dort und kann mir sicher helfen. Mich ablenken, bis Michaela zurückkommt."

Der Rauch stieg kontinuierlich an und hatte inzwischen fast die Oberkante des Bettes erreicht. Die wabernde Masse wirkte wie das absolute Dunkel.

„Das ist nicht echt!"

Mit allem Mut und aller Kraft, die sie aufbieten konnte, setzte sie einen Fuß in den Nebel und stand aus dem Bett auf. Wie die Luft durch eine offene Luke in den Weltraum, so entwich auf einen Schlag alle Kraft aus ihr.

„Das ist nicht ..."

Der Gedanke brach ab und sie sank auf ihre Knie, als der Raum im schwarzen Rauch versank.

„Du bist mein ..."

Flüsterte die Stimme erneut, während sie in die Dunkelheit glitt.

Sie öffnete die Augen. Was war passiert? Um sie herrschte Stille. Das war nicht ihr Quartier. Sie schaute nach links und nach rechts. Die Kommandobrücke der Saorsa. Sie schien allein zu sein. Sie stand auf und ging zu den Systemkontrollen. Das Schiff hatte sich nicht bewegt und lag noch immer angedockt, seitlich der Odysseus. Sie blickte an sich herab. Alle Schmerzen und Erschöpfung waren verflogen und auch Angst verspürte sie keine. Was war hier los?

Sie trat einen Schritt zurück und sah sich erneut um. Im hinteren Teil des Kommandodecks sah sie ein Bündel am Boden liegen. Es schien sich zu regen. Als sie darauf zu ging, stellte sie fest, dass sie die Bewegungen des Schiffes spüren konnte. Dass sie spürte, wie es langsam, mitsamt der Odysseus, von seiner Position abdriftete.

Sie erreichte das Bündel, streckte eine Hand aus, doch zog sie sie fast sofort wieder zurück. Wollte sie es berühren? Sie wusste es nicht. Alles wirkte so eigenartig. Ein Traum, das war die einzige Erklärung, die ihr einfiel. Sie blieb regungslos stehen. Eine ganze Weile stand sie da und studierte das Bündel. Es war offenbar ein Mensch, ganz klar. Entsetzt wollte sie zurückweichen, als sie die blutigen Spuren sah, die scheinbar von einem Aufprall des Menschen an der Wand und der Konsole hinterlassen wurden, doch ihr Körper bewegte sich nicht. Sie wollte den Blick abwenden, doch es gelang ihr nicht, den Kopf zu drehen.

„Wehr dich nicht gegen mich, du kannst ohnehin nicht gewinnen."

Nun war die Stimme in ihrem Kopf. Wie ein Gedanke, den sie nicht ignorieren kann.

Miller lag leise keuchend zu ihren Füßen. Aus einer Wunde an ihrem Kopf trat Blut und bildete eine kleine Lache.

Sie rührte sich, stöhnte. Najjar stellte fest, dass sie diese Leiden verachtete. Es war wie der Gedanke zuvor. Sie sollte Mitleid mit ihr haben, doch wollte es sich einfach nicht einstellen.

„Wir sind eins, Joanne. Hör auf dich zu wehren. Gemeinsam sind wir so viel mehr."

Sie kniete sich neben die Lache, achtete darauf, das Blut nicht zu berühren, blickte Miller in die Augen und strich ihr sanft über die Haare.

„Schlaf jetzt, kleiner Mensch."

Sie sprach sanft, während sie die Hände an beide Seiten des angsterfüllten Gesichts und ihre Stirn an die Stirn ihres Gegenübers legte. Miller begann zu zucken, doch Najjar hielt sie fest.

„Wir werden uns um Alles kümmern."

Sie stand auf, verließ die Brücke und ließ das Bündel hinter sich zurück. Schwarzer Rauch trat ihm aus dem Mund, den Ohren und den Kratern, die einmal tiefblaue Augen gewesen waren.

„Wir werden uns um Alles kümmern."

# A N G E L E S

Meldung des Bergungsschiffes Angeles

`--- BEGINN DER AUFZEICHNUNG : 15.456345 MT ---`

Am sechzehnten Missionstag erreichten wir den Ausgangspunkt des gemeldeten Notrufes. Wir fanden ein Trümmerfeld vor, das in seiner Masse dem vermutlich zerstörten Bergungsschiff Saorsa entspricht. Die Untersuchung der Trümmer läuft noch, aber vermutlich werden wir nur die Materialien identifizieren können. Ich empfehle, ein Untersuchungsteam zu entsenden, das besser für diese Aufgaben ausgerüstet ist.

Im Trümmerfeld fanden wir eine Rettungskapsel. An Bord befand sich eine Überlebende. Die dunkelhäutige Frau hielt eine weibliche Tote in den Armen und stammelte etwas von einem Überfall. Offenbar ist das Bergungsschiff in einen teldanischen Hinterhalt geraten, nachdem es mit einem fingierten Notruf in dieses entlegene System gelockt wurde.

Weitere Befragungen der Überlebenden konnten bisher nicht vorgenommen werden, da sie kurz nach unserem Eintreffen das Bewusstsein verlor.

Da es sich bei der Saorsa um ein Schiff der autonomen Kolonien handelt, werden wir uns dort nach Hilfe für sie umsehen und die dortigen Behörden um Hilfe bei der Identifizierung bitten.

`--- UNTERBRECHUNG DER AUFZEICHNUNG FÜR 0.00073 ---`

Ich habe soeben die Meldung aus der Krankenabteilung erhalten, dass die Überlebende wieder aufgewacht ist. Ich werde mich also nun dorthin begeben um zu versuchen weitere Einzelheiten zu erfahren, doch es ist fragwürdig, in welchem Zustand sich die Patientin befindet, da die Untersuchungsgeräte Fehlfunktionen zu haben scheinen.

Nach ihrem Erwachen hat Dr. Kyle nur einen einzigen Satz von ihr zu hören bekommen.

„Wir sind Najjar."

Der Kontakt zur Krankenstation wurde unterbrochen, daher kann ich noch keine weiteren Informationen zum Zustand der Patientin melden. Die Ergebnisse der ersten Befragung werde ich dem Bericht als Anhang beifügen.

- Captain Hendrix
Bergungsschiff Angeles

`--- ENDE DER AUFZEICHNUNG ---`
`--- NACHRICHT AUTOMATISCH VERSAND : 16.00000 MT ---`
`--- ANHÄNGE : keine ---`

# ÜBER DEN AUTOR

*"Schreiben heißt neue Welten zu erschaffen, sie zu erleben und ihre Schönheit, ihre Wesen und ihre Schrecken der Welt zu offenbaren."*

Der 1985 geborene Benetton Blake arbeitete als Informatiker in verschiedensten Bereichen der Industrie. Sei es an Computer- und Videospielen, AR- und VR-Anwendungen, Voice-Communication sowie Musik-Applikationen, Anlagen-Steuersystemen, Schnittstellenprogrammierung oder im Sicherheitstechnischen Bereich.

Seit seiner Jugend ist er Science-Fiction- und Fantasy-Fan, sowie leidenschaftlicher Erschaffer von Welten und Schreiber der in ihnen stattfindenden Geschichten. Diese Leidenschaft begann er jedoch erst 2021 mit der Welt zu teilen.

*"Du kontrollierst nicht die Welten, die du erschaffst. Du bereitest die Bühne, du lieferst die Akteure, doch bei der Handlung bist du nur Zuschauer."*

Benetton Blake

**Savaged Breed - Geschichten 01**

https://www.savagedbreed.com